३० वर्षीया प्रेयसी

दीपक कनौजिया
(प्राधुनिक)

पुस्तक परिचय: कुछ शब्द

मेरी पहली किताब एक गद्य विधा थी तो इस बार मेरे विचार में आया कि कुछ पद्य विधा में भी लिखा जाये...जो लोग इसका ज्यादा अर्थ नहीं जानते, ज्यादा फर्क नहीं जानते उनके लिए मैं बहुत साधारण भाषा में बता दूँ कि गद्य लेखन का वह तरीका है जिसमें विचारों को किसी कहानी, किसी बायोग्राफी या किसी सामान्य बातचीत और वाक्यों के रूप में लिखा जाता है वहीं पद्य विधा लेखन का वह तरीका हैं जिसमें लेखक अपने विचारों को एक कविता के रूप में लिखता है, एक गीत के रूप में लिखता है, एक रागिनी के रूप में लिखता है...मैंने कहीं ये भी पढ़ा था कि गद्य का संबंध मस्तिष्क से होता है वहीं पद्य का संबंध हृदय से यानि दिल से होता है तो यह किताब मैंने एक पद्य के रूप में लिखने का प्रयास किया है यानि दिल से लिखने का प्रयास किया है और इस प्रयास में प्रयास किया है एक प्रेम कहानी को उकेरने का जिसमें एक नायक और उसकी प्रेयसी के प्रेम के कुछ क्षणों और परिस्थितियों को चित्रित किया जा सके...मेरा हमेशा ये प्रयास रहा है की जुड़ा रहूं अपनी सभ्यता की कहानियों से और लोगों को जोड़ता रहूं तो वह प्रयास मैंने यहाँ भी किया है कि कुछ कहानियां जो हमारी सभ्यताओं का हिस्सा हैं उन्हें यहाँ इस किताब में लाकर अपने किताब के हर भाग का प्रतिनिधित्व करने की जिम्मेदारी इन कहानियों को दी है...आशा करता हूँ कि यह कहानियां और मैं दोनों आपकी उम्मीदों पर खरे उतर पायें...

हिमालय के आस पास हिमाचल प्रदेश को इन सभी घटनाओं का केंद्र माना गया है...कल्पा और शिमला के पहाड़ी गोल रास्तों में घूमते हुए, ठंडी हवाओं के झोंको में चाय पीते हुए वहां पर पर्यटन करने आये प्रेमी युगलों को देखा तो उन्हीं को अपना नायक नायिका बना कर एक काव्य संग्रह लिखने का विचार आया...इस काव्य संग्रह में नायक उसकी प्रेयसी के विभिन्न रूपों से परिचित हो रहा है हिमालय की सुफैद वादियों में... इन कविताओं में मैंने यह कोशिश की है कि नायक ने अपनी प्रेमिका को जैसा देखा और जिस रूप में देखा, जिन अवस्थाओं में देखा, जिस प्रकृति में देखा बस उसका वैसा ही नामकरण कर दिया और पढ़ने वाले के लिए छोड़ दिए कुछ संकेत ताकि वह भी

उस कहानी का हिस्सा बन जायें और जान सकें उन संकेतों को कि उस प्रेयसी की उम्र कितनी है, उस प्रेयसी की कुछ आदतें क्या हैं, उसका अपरिमित प्रेम और प्रेयसी की कौन सी जन्म वर्षगांठ है...इन सभी को मिला जुला कर मैंने एक भावों का मिश्रण सा बना दिया जिसका नाम है **"३० वर्षीया प्रेयसी"** ये सभी संकेत आपको इस किताब के पेज दर पेज लिखी कविताओं में दिखते जायेंगे...

इस किताब को लिखने से पहले मेरे दिमाग में विचार आया था कि क्यों न मैं इसकी कवितायें अंग्रेजी में लिखूं क्योंकि मुझे लगता है आजकल देश के युवा को हिंदी से उतना लगाव नहीं रहा और जिससे लगाव नहीं होता वो समझ भी कम ही आता है...पर फिर मुझे लगा कि यदि हिंदी से किसी का लगाव कम हो रहा है तो मेरी जिम्मेदारी और बढ़ जाती है कि इस मातृभाषा के प्रति लोगों का लगाव पैदा किया जाये तो अंततः इस किताब को हिंदी में लिखने का निर्णय हुआ...

मैंने कोशिश की है कुछ मुश्किल शब्दों का मतलब समझाने की बीच बीच में...उम्मीद है उससे आप लोगों को ज़रूर सहायता मिलेगी...पर इन सब बातों का मतलब ये नहीं है कि मुझे और भाषाएँ अच्छी नहीं लगती पर मुझे अपनी भाषा किसी से कम लगे यह भी पसंद नहीं...आगे चल कर मैं शायद किसी और भाषा में भी कुछ लिख पाऊँ...

दीपक कनौजिया
(प्राधुनिक)

आभार

इन सभी कविताओं को लिखने के लिए मैं धन्यवाद देना चाहूंगा इस प्रकृति का जिसने हिमाचल प्रदेश जैसी सुंदर जगह को अपना हिस्सा बनाया...धन्यवाद उस ईश्वर का जिसने मुझे वह आँखें दी जिनके कारण मैं इस जगह को, यहाँ के ऊँचे ऊँचे पहाड़ों को अपनी आँखों में भर सका और वहां की सुंदर वादियों में किसी प्रेम कहानी की परिकल्पना कर उसे शब्दों में डालने का एक प्रयास कर पाया...धन्यवाद उन सभी घटनाओं का जो मेरे आस पास होती रहीं हैं और मौका देती रहीं हैं कुछ रच पाने का, कुछ कहानियाँ बुन पाने का...कहानियां जिन्हे भविष्य चाहेगा दोहराना, जीना चाहेंगे उस समय के लोग इन सभी घटनाओं को फिर से...मेरा पूर्ण विश्वास है मेरे रहते या मेरे जाने के बाद पढ़ा जायेगा इन वाकयों को और ढूंढा जायेगा इन प्रेम कहानियों को ताकि फिर से कभी उस भविष्य में ऐसी प्रेम से परिपूर्ण घटनाओं को दोहराया जा सके नफरतों की सुनामी को मिटाने के लिये...

अनुक्रमणिका

इस कविता संग्रह को छह सर्ग (भाग) में लिखा गया है...हर सर्ग में प्रेम की विभिन्न अवस्थाओं और चरणों को प्रदर्शित करती रचनायें हैं और हर कविता का प्रतिनिधित्व करते हैं हमारी विराट संस्कृति के कुछ नायिकायें और नायक...

प्रथम सर्ग "आकर्षण"

द्वितीय सर्ग "मिलन"

तृतीय सर्ग "बख़ान"

चतुर्थ सर्ग "संसर्ग"

पंचम सर्ग "ईर्ष्या"

षष्ठ सर्ग "बिछोह"

अंत.
फिर एक नए
अनंत के लिये

प्रथम सर्ग
"आकर्षण"

प्रतिनिधि कथाः कृष्ण–रुक्मणि

जब हम प्रेम की परिभाषा के बारे में बात करते हैं, तो जहन में केवल एक ही तस्वीर उभरती है जो है श्री राधा-कृष्ण की...हमनें दोनों के प्रेम प्रसंग से जुड़ी अनेकों कथाएं सुनी हैं पर भगवान का अपनी प्रथम पत्नी रुक्मणि से प्रेम और भी आकर्षक है रोमांचक है...

देवी रुक्मणि केवल कृष्ण की कहानियां सुन सुन कर उनपर मोहित हो गयी थीं और उन्हें उनसे प्रेम हो गया था जबकि वो उनसे न कभी मिली न उन्होंने कभी कृष्ण को देखा...वो सिर्फ उनके बारे में ऋषियों, मुनियों, साधुओं से उनके बारे में सुनती थी क्योंकि उस ज़माने में केवल यही लोग थे जो इधर उधर एक राज्य से दूसरे राज्य में आया जाया करते थे...जब भी कोई ऐसे साधू उनके राज्य पधारते वो दौड़ी चली जाती उनके पास ताकि वो सुन सके कृष्ण के बारे में, डूब सकें उनके रस में, ढूंढ सकें उनकी एक और नयी छवि...रुक्मणि ने फिर सिर्फ उनको सुन सुन कर उनकी तस्वीरें बनाना शुरू कर दिया था और बहुत ही ऊंचे वाले आध्यात्मिक प्रेम में पड़ गयीं...इस अपने प्रेम की खबर उन्होंने पत्रों के ज़रिये कृष्ण को पहुचायीं और फिर दोनों में प्रेम-पत्रों से बातचीत भी हुई और अंत में जब रुक्मणि के भाई रुक्मि ने उनका विवाह कृष्ण की बुआ के बेटे शिशुपाल से तय कर दिया तब देवी रुक्मणि ने पत्र भेजकर ही कृष्ण को बताया कि वह उनका अपहरण करके ले जायें क्योंकि वह शिशुपाल से विवाह नहीं करना चाहती और वह सिर्फ श्रीकृष्ण से ही विवाह करेंगी...पत्र पाकर कृष्ण ने अपनी एक और बुआ के लड़के अर्जुन के साथ मिलकर रुक्मणि को उसके राज्य में घुसकर उनका अपहरण कर लिया और बाद में उनसे विधिवत रूप से शादी की...

तो ऐसी थी कृष्ण रुक्मणि की आकर्षण से शुरू हुई प्रेम कहानी...

(01)

_शनै: शनै:_

पहाड़ों पर
किसी सुफैद धुंए सी
शनै: शनै: तुम जलती सी...

{शनै: शनै:= धीरे धीरे/Slowly Slowly

बन धुंआ
पहाड़ों से
धीरे-धीरे उठती सी
आसमानों को छूती सी...

मुझे पता है
तुम वहां नहीं जलती,
जलती हो तुम
मुझमें ही कहीं
धीरे धीरे
शनै: शनै: ...

...अंत अनंत...

_साधारण असाधारण_

प्रेम दीवानी कैसी है तू
दिल में गड़ी छूरी है तू
मंदिर में जलती ज्वाला है तू
गुरूद्वारे में गुरुओं की बानी है तू...

कहाँ चली आओगी तुम
मुझ साधारण के पास
उस असाधारण ईश्वर को छोड़
जो राह तकता है तुम्हारी...

...अंत अनंत...

(03)

_जानलेवा प्रेम_

लड़की!!
क्या क्या ना करवाओगी तुम!!
कहर बरपाओगी तुम...

गोद में बैठ
दिल में उतर जाओगी तुम,
सिगरेट का सुलगता धुंआ बन
खून में मिल जाओगी तुम,
किस्से शायरियां सुना
रूह में बसर कर जाओगी तुम,
उंगलिया छू कर मेरी
बस मेरा पूरा जिस्म ही ले जाओगी तुम,
और ये जो तुम चाहती हो मुझे चूमना
वो चूमना तुम्हारा केवल चूमना न होगा
वो तो कोई ओजस्वी योग होगा
ऐसे तो किसी समाधि में लिए चली जाओगी तुम...

तुम्हारे लिए तो ये रहेगा अदना सा प्रेम
मेरी तो जान ही ले जाओगी तुम...

...अंत अनंत...

(04)

_तुम कहां जाती हो!_

यहीं कहीं तो घूमती सी रहती हो
तुम कहां "मिस" होती हो मुझसे...

{मिस= याद आना/Missing Someone

नज़र आ जाती हो
किसी बस में चढ़ती हुई
बस की "बारी" बंद करती हुई,

{बारी= दरवाज़ा या गेट/Door or Gate

छाता लिये गोल रास्तों के किनारे चलते हुये
अपने ही धुन में कोई ग़ज़ल गुनगुनाती हुई...

तुम कहां जाती हो मेरे पास से
मेरे एक कदम के बाद
जो दूसरा कदम मैं रखता हूं
वह तुम्हारा ही तो होता है ...

तुम कहां "मिस" होती हो मुझसे
आवारागर्द मिट्टी सी बिछ जाती हो
मेरी प्रिय सुफैद टी-शर्टों पर
मुझे फिर से स्वच्छ करने के लिए...

{स्वच्छ= साफ़/Clean

...अंत अनंत...

(05)

_मोम_

तुम क्या ये दीपक जलाने में व्यस्त हो
जो खिलखिला दो तो अपने आप जल पड़ेंगे सभी दीपक...

किस रंगोली को बनाने सजाने में जुटी हो
तुम खुद एक रंग बिरंगी रंगोली हो...

तुम जलती हो कहीं और
धीरे धीरे मोमबत्ती सी...
मैं पिघलता
फिर जमता
उसी मोमबत्ती के मोम सा
कहीं और...

तुम जब आओगी
तो लग गले
इस जमे मोम को
फिर तुममें पिघला
तुम्हारा मोम तुम्हें लौटा दूंगा
कि फिर से हो सम्पूर्ण
कर सको तुम
फिर से मुझे रोशन...

...अंत अनंत...

(06)

सर्द दोपहर

चल उठ पुत्त
टोपी पा
तीन -चार स्वेटर पहन
पावों में गरम जुराबें डाल
ऊंचे बूट न सही तो अपने स्पोर्ट्स शूज ही निकाल...

फिर खिड़की खोल
देख हिमालय को
जो सीना ताने खड़ा है अडिग
पर सफ़ेद बर्फ सा मन को शुद्ध रखे है...

फिर कदम बढ़ा दरवाज़े की ओर
बैठ जाकर उस चाय वाले के पास
और बोल एक अदरक वाली चाय बनायेगा
पर रुक अकेले चाय कैसे पियेगा तू
तू तो हँसता रहता है
खिलखिलाता रहता है
कोई उदासी का घर थोड़े है
तो हँसना अकेले ठीक नहीं
उदासी तो अकेले ही झेलनी चाहिये...

क्रमशः...

तो सुन! अब फ़ोन मिला किसी मित्र को
बुला उसे और कह
"आजा चाय पिलाऊं तुझे
मेरे संग चाय पी
फिर ले चल मुझे दूर
इतना दूर कि लगे घर पास ही है"...

रुकवा गाड़ी को
जहाँ हो बर्फ का मैदान,
खेल बर्फ में
उछाल बर्फ को
थोड़ा खुद पर थोड़ा उस दोस्त पर
थोड़ा आस-पास वालों पर
थक कर हँसते हँसते
गिर जा वहीं बर्फ पर...

फिर दिखे मिले कहीं कोई फिर चाय की दुकान
तो फिर चाय पी
साथ में बिस्कुट मिले
पारले जी ना सही कोई भी
वो भी डुबा-डुबा कर खा...

चल उठ पुत्त अब
खड़ा हो
जो गर्मजोशी अंदर है
उसे मौसम पर फेंक दे मार
चल उठ पुत्त
बस अब निकल पड़...

...अंत अनंत...

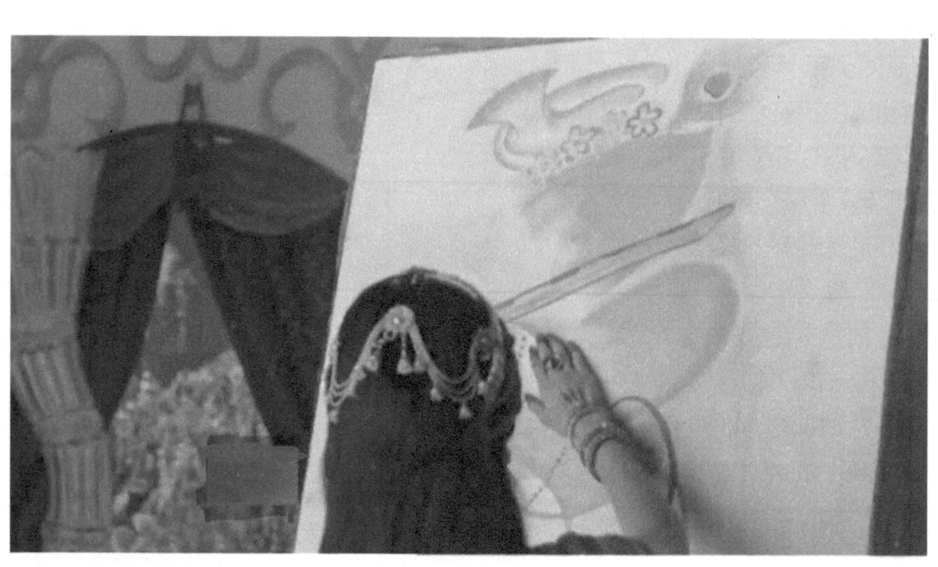

द्वितीय सर्ग
"मिलन"

प्रतिनिधि कथा:
पृथ्वीराज - संयोगिता

पृथ्वीराज संयोगिता की प्रेम कहानी इस भाग का प्रतिनिधित्व करती है...बारहवीं शताब्दी का इतिहास बिना इनकी प्रेम कहानी के अधूरा रहेगा इसलिये इसका उल्लेख करना आवश्यक है...पृथ्वीराज चौहान का शासन आज के अजमेर, राजस्थान, हरियाणा, दिल्ली, पंजाब, मध्य प्रदेश और उत्तर प्रदेश के कुछ हिस्सों में था तो वही संयोगिता कन्नौज के राजा जयचंद की बेटी थीं...

कहानियों की मानें तो एक बार एक चित्रकार ने राजकुमारी संयोगिता को पृथ्वीराज का चित्र दिखाया और उनकी वीरगाथायें उनको सुनायीं तो राजकुमारी मन ही मन सम्राट से प्रेम करने लग गयीं हालांकि वह भूल गईं थीं कि उनके पिता पृथ्वीराज से जलन रखते हैं...वहीं चित्रकार ने संयोगिता का चित्र सम्राट पृथ्वीराज को भी दिखाया तो उन्हें भी संयोगिता से प्रेम हो गया...इसी दौरान राजा जयचंद ने संयोगिता के स्वयंवर का आयोजन किया पर अपनी ईर्ष्या के चलते उन्होंने सम्राट पृथ्वीराज को इस स्वयंवर में आने का निमंत्रण नहीं दिया और उन्हें बेइज़्ज़त करने के लिए उनकी जगह उनकी मूर्ति एक दरबान के रूप में लगा दी...पर राजकुमारी संयोगिता भी निकली पक्की ज़बरदस्त प्रेमिका और उसने निर्णय किया कि वह उस दरबान वाली मूर्ति को अपनी वरमाला पहनायेगी पर जैसे ही वह माला पहनाने के लिए आगे बढ़ी तभी वहां सम्राट पृथ्वीराज पहले से ही मौजूद थे जो संयोगिता को उस सभा से ले जाने के लिए आये थे...संयोगिता सबके सामने सम्राट के घोड़े पर बैठकर उनके साथ उनके राज्य चली गयी...इस तरह से दोनों का मिलन हुआ और बाद में विवाह करके पति पत्नी बन गये...

यह कहानी फिर आगे जाती है कि जयचंद ने अपनी ही बेटी और दामाद से बदला लेना के लिए अफ़ग़ान शासक मोहम्मद गौरी के साथ मिलकर पृथ्वीराज को बंदी बनवाया और फिर गौरी सम्राट को ग़ज़नी ले गया और वहां उसने उनकी दोनों आँखें फोड़ दी... कहा जाता है कि अपनी मित्र चंद बरदाई की मदद से सम्राट ने गौरी का खात्मा किया

और खुद भी वीरगति को प्राप्त हुए...जब महारानी संयोगिता को पृथ्वीराज की मृत्यु का पता चला तो उन्होंने जौहर (आग में जल सती हो जाना) चुना...उन्होंने खुद को खत्म कर दिया...वे सती हो गईं और उनकी प्रेम कहानी हमेशा के लिए अमर हो गई...

तो यह थी पृथ्वीराज और संयोगिता की ज़बरदस्त मिलन की प्रेम कहानी...जिंदा रहते हुए न मिल पाने से मिलने की कहानी और फिर एक के मर जाने के बाद दूसरे से मिलने के लिए खुद मर जाने की कहानी...कहानी नहीं इतिहास...

(07)

_यात्राएं_

मैंने नहीं की थी
कभी भी इतनी यात्राएं
अपने जीवन काल में
पर अब मैं चला आता हूँ
सभी सफर करते हुए तुझ तक
तेरी बाहों का सफर करने के लिए...

हीरे माणिक मोतियों को पाने के लिए
पहुंचना पड़ता है सफर तय करके समुंदर की तह तक
सुना था ये कहते हुए किसी समझदार को
पर यह सच हर बार मैं चखता हूँ
जब जब बहुत मेहनत कर पहुँचता हूँ तुझ तक...

तुम मेरे हीरे माणिक मोती ही तो हो
और वो भी सागर की सतह पर नहीं
बल्कि पहाड़ों की चोटी पर चमकते हुए...

...अंत अनंत...

(08)

_गोल रास्ते_

तुम
विचरती रहती हो   {विचरती= घूमना/Wandering
उन गोल घुमावदार रास्तों पर
जो आते हैं
ऊपर से नीचे की ओर,
जैसे कोई संगीत घोलती हुई
किसी झरने सी
गिरती हुई
ऊपरी हिमालय से
निचले हिमालय की ओर...

तुम
करती रहती हो बातें
राह में आने वाले
सभी पेड़ों से
उनकी शाखाओं से
उनके पत्तों से
ढूंढती हो प्रेम
उन पेड़ों की जड़ो में,
जैसे करती रहती हो
परिभाषित प्रेम को   {परिभाषित= समझाना/Define
उसके नए नए रूपों में...

क्रमशः...

तुम
राहों को राह दिखाती हो,
चलती हो संग उनके
जैसे कहती हो उनसे
कि मैं हूं संग तुम्हारे
चलूंगी कदम से कदम मिला
चाहे तुम मुड़ जाओ कहीं भी
चाहे मिल जाओ किसी दूसरी पक्की सड़क से
जो ले जाती है किसी शहर की तरफ
या तुम ले जाओ मुझे किसी जंगल के रास्ते
किसी कच्ची पगडंडी के सहारे
मैं हूं संग तुम्हारे...

तुम
बनाती हो
गोल घुमावदार रास्ते
मेरे दिल पर,
तुम
उगाती हो
कोई वटवृक्ष प्रेम का   {वटवृक्ष= बरगद का पेड़/Banyan Tree
मेरे अंतर्मन में,   {अंतर्मन= अंदर का मन/Inner Part of Heart
तुम
चलती हो संग
मेरे हर श्वास के   {श्वास= सांस/Breath
गाँव गाँव नगर नगर...

...अंत अनंत...

_भाषाएँ_

पेट पालने के लिये ज़रूरी है
अंग्रेज़ी लैंग्वेज
खुश रहने और खुश रखने के लिये आनी चाहिये
उर्दू जुबाँ
और अमर होने के लिये आवश्यक है
हिंदी भाषा...

तुम तो हो पारंगत पंजाबी में भी   {पारंगत= निपुण/Expert
और हो आकर्षित फ़ारसी से भी
सीखती रहती हो उसे भी...

ज्ञानवती भव: {ज्ञानवती भव:= ज्ञान का आशीर्वाद/Blessings to become knowledgeable
ज्ञानवती भव:

...अंत अनंत...

जबर प्रेमिका

तुम कोई
जबर प्रेमिका   {जबर= ज़बरदस्त/Extraordinary
फैलाती प्रेम
चहुँ ओर...   {चहुँ ओर= हर तरफ/All Sides

तुम कोई
मधु भ्रामरी   {मधु भ्रामरी= मधुमक्खी/Honey Bee
मधुरस बिखराती
यत्र तत्र...   {यत्र तत्र= यहाँ वहाँ /Here & There

तुम कोई
संजीदा स्वपन   {संजीदा= शांत/Peaceful
तुम रहो
बस प्रेम स्वपन...

तुम प्रत्यंग   {प्रत्यंग= हर अंग/All Body Parts
सब रंग
त्वचा पर   {त्वचा= शरीर की खाल/Skin
चढ़ती गहराती...

गले लगाती
सिगरेट सुलगाती
आदत बनती
ऐब लगवाती...   {ऐब= बुरी आदतें/Bad Habits

क्रमशः...

तुम सजती
तुम संवरती
बदलने की
चाह रखती...

तुम दीवानी
सब सीखती
आदतें बदलती
स्त्री बनती...

तुम कोई
जबर प्रेमिका
फैलाती प्रेम
चहुँ ओर...

...अंत अनंत...

(11)

_मेरे प्रयास_

तुम घबराई सी

बेचैन सी

रोती सी

लगी मुझे ऐसी

जैसे किसी तितली को नहीं मिल रहा पुष्प उसका

जिसका रस वो पीना चाहे

जो चाहे बनी रहे उसके रंगो में जान

पाकर सानिध्य उसका...

{सानिध्य= साथ/Companionship

मुझे नहीं अच्छी लगती तुम

ऐसी बेचैन

दिन रैन

रोती गुंजाती पृथ्वी गगन...

हँसती रहो तुम हमेशा

मैं करता रहूँगा प्रयास

तुम्हारे खिलखिलाने के...

...अंत अनंत...

तृतीय सर्ग
"बख़ान"

प्रतिनिधि कथाः
बाज़ बहादुर - रूपमती

यह प्रेम कहानी है एक दूसरे की तारीफों और बखानों में बंधे हुए बाज़ बहादुर और रूपमती की...बाज़ बहादुर मालवा का सुल्तान था जिसने 1555 ई० से 1562 ई० तक मालवा क्षेत्र पर शासन किया...वहीं रूपमती एक गरीब किसान की बेटी थीं जो बाद में सुलतान बाजबहादुर की प्रेयसी बनी...

बाज बहादुर को संगीत से बहुत लगाव था और रूपमती बहुत अच्छा गाती थी...उसका मन करता था वह सदैव रूपमती की तारीफें ही करता रहे उसी के संगीत में डूबा रहे, सुनता रहे उसे...संगीत की वजह से दोनों करीब आ गये और दोनों में फिर अगाध प्रेम हो गया...बाज बहादुर मुसलमान था और रूपमती हिन्दू मगर प्रेम कहां जात पात, धर्म इबादत के फ़र्क़ देखता है...दोनों ने अंतरधार्मिक विवाह कर लिया और मांडवा के महलों में दोनों प्रेमपूर्वक रहने लगे...

इसी दौरान दिल्ली में बैठे मुगल शासक अकबर ने भी जब रूपमती के बारे में सुना तो उसने रूपमती को पाने की ठान ली...उस समय मालवा में संगीत विद्या बहुत ही बढ़ी चढ़ी थी, बाज बहादुर और रूपमती दोनों ही उसकी उन्नति तथा साधना में और लीन हो गये और ऐसे लीन हो गए कि जब अकबर की मुगल सेनाएँ मालवा पर चढ़ीं तब भी उन्हें उनका पता न लगा...उस लड़ाई में मुग़ल सेना ने बाज बहादुर को हराकर उसे कैद कर लिया और रूपमती के रूप और संगीत से मुग्ध अकबर ने जब रूपमती को अपनी प्रेयसी बनाना चाहा तब रूपमती ने जहर खाकर बाज बहादुर के नाम पर जान दे दी और अपनी प्रेमकहानी को अमर कर दिया...अकबर ने बाद में बाज बहादुर को भी रिहा कर दिया लेकिन कैद से छूटने के बाद बाज बहादुर सीधे पहुंचे रूपमती की क़ब्र के पास और सिर पटक पटक कर जान दे दी...बाज बहादुर को भी रूपमती की क़ब्र के पास ही दफना दिया गया...

इस प्रेम कहानी ने बादशाह अकबर पर गहरा प्रभाव डाला, उसका पश्चाताप करने के लिए बादशाह ने 1568 में एक मकबरे का निर्माण करवाया जहाँ राजा बाज बहादुर के मकबरे पर आशिक-ए-सादिक और रूपमती की समाधि पर शहीद-ए-वफा लिखवाया...यह प्रेम कहानी आज भी मांडू किले में गूंजती है...इस रूहानी प्रेम को पर्यटक आज भी महसूस करते हैं... तो यह थी कहानी बाज बहादुर की जिसने अपनी प्रेयसी रूपमती के गुण, रूप और संगीत की प्रशंसाओं और तारीफों से एक साधारण किसान कन्या को पूजनीय बना दिया...

(12)

_असंतुष्ट तृप्ति_

तुम ही चुस्की मेरी चाय की

तुम ही मेरे जिस्म पर लगा तेल गर्री का {गर्री= नारियल/Coconut

तुम ही नज़र मेरे चश्मे की

तुम ही कोई मंज़र खूबसूरत सा किसी वादी का

तुम ही उस सबसे ऊँचे पहाड़ पर लगे सबसे

ऊँचे पेड़ का सबसे दूर लगा पत्ता

तुम ही उसी ऊँचे पहाड़ की ज़मीं पर गिरा बर्फ का रुई सा फाहा

तुम ही यौवन नवजीवन असंतुष्ट सा {असंतुष्ट= नाखुश/Unsatisfied

तुम ही संगम लालसा तृप्ति सा {लालसा= इच्छा/Desires

तुम ही वर्तमान की असंख्य खुशियों से {तृप्ति= प्रसन्नता/Satisfaction

तुम ही भविष्य की अनावश्यक चिंताओं से...

...अंत अनंत...

(13)

_तारीफें_

तारीफें बटोर फिर चली आना
तुम मेरे पास
मैं तुम्हें तारीफों के और सबब दूंगा...   {सबब= कारण/Reason

मुझे पसंद है
तुम्हारा अपने ही मुंह से
अपनी तारीफों की दास्तानें सुनाना...

ये दास्तानें चलती रहें
तुम बोलती रहो
मैं सुनता रहूं
और
तुम्हारी यही दास्तानें सुनते सुनते
मैं देता रहूं तुम्हें
तारीफें बटोरने के और सबब...

...अंत अनंत...

(14)

खरगोश - गिलहरी

अये खरगोश सी सहमी आँखें
चेहरे पर सजाये हुए लड़की!
कभी कभी तुम मुझे सहसा ही
ले जाती हो सतयुग में
रामेश्वरम के उसी तट पर
जहाँ सभी रास्ते जलमग्न थे,   {जलमग्न= डूबे हुए /Under Water
दिशाहीन थे सभी   {दिशाहीन= रास्तों का पता न होना/Directionless
क्या रीछ क्या मानव क्या बंदर,   {रीछ= भालू/Bear
प्रेम ने तब पाटी थी खाई   {पाटी= भरना /Filling Up
जोड़ जोड़ वृक्ष पाथर कंकर...

उसी तट पर मिली थी
उस भगवाधारी तपस्वी प्रेमी को
एक नन्ही गिलहरी
जिसने संग्रहीत कर अपना प्रेम   {संग्रहीत= इकट्ठा करना/Collecting
उंडेल दिया था सारा का सारा उस रामसेतु पर
और कर दिया था प्रेम को
और अमर और अधिक विस्तारित...

अये खरगोश सी सहमी आँखें
चेहरे पर सजाये हुए लड़की
इस कलियुग में तुम प्रतीत होती हो
अपनी पीठ पर राम-प्रेम से सृजित धारियां लिए   {सृजित= बनाना/Create
प्रेम में परिश्रम करती वही नन्ही गिलहरी...   {परिश्रम= मेहनत/Hard Work

क्रमशः...

प्रेम ने सदैव
दुष्कर राहों को सरल किया है   {दुष्कर = मुश्किल/Difficult
सदैव सेतु की तरह काम किया है...   {सेतु = पुल/Bridge

...अंत अनंत...

(15)

ज़ारा का परफ्यूम

तुमने जबसे दिया है
वो तोहफ़ा
तबसे तो मेरा स्टैण्डर्ड ही बढ़ गया है
अब मैं ज़ारा का परफ्यूम ही लगाता हूं,
किनारा कर चुका हूं
ऐरी - गैरी खुशबुओं से...

कहने को तो वो ज़ारा का परफ्यूम है
पर उस से महक तुम्हारी आती है
जैसे ही उस इत्र को छिड़कता हूं खुद पर
तुम जैसे छा सी जाती हो मुझ पर
और सिर्फ मुझ पर ही नहीं
तुम आस पास के माहौल को भी
अपनी खुशबू से भर देती हो...

क्रमशः...

मैं चाहता हूं
इसी खुशबू से सराबोर रहना
अब तुम जब नहीं भी दोगी ये महंगा परफ्यूम
तब भी मैं कुछ भी करके
यही इत्र बाज़ार से लाया करूँगा
और महसूस करता रहूँगा तुम्हें
और तुम्हारी खुशबुएँ...

जब तुम नहीं भी होगी
तब भी महकता रहूँगा मैं
तुम्हारी खुशबू से ही...

...अंत अनंत...

चतुर्थ सर्ग
"संसर्ग"

प्रतिनिधि कथा: रति-काम

इस भाग का प्रतिनिधित्व करती है कहानी देवी रति और काम देव की...हिंदू कथाओं में काम देव को प्रेम और आकर्षण का देवता माना जाता है और वहीं देवी रति को प्रेम और आकर्षण की देवी...इन दोनों का प्रेम सृष्टि में सभी जीव जंतुओं में संसर्ग और सृष्टि चक्र चलाने के लिए जरुरी माना गया है...इन दोनों की प्रेम कहानी ऐसी कि एक के प्राण चले गये थे लेकिन दूजे ने हार न मानी और अपनी प्रेम तपस्या से महादेव तक से अपनी प्रेमी के प्राण वापस ले लिए...

रति-काम की प्रेम कहानी का आधार है संसार को बुरी ताकतों से बचाना...कथा है कि ताड़कासुर नामक असुर का वध करने के लिए पार्वती और शिव के पुत्र कार्तिकेय का जन्म होना आवश्यक था जिसके लिए महादेवी और महादेव का संसर्ग आवश्यक था... इसके लिए देवताओं ने महादेव को समाधि से जगाने के लिए कामदेव को भेजा जिसे शिव ने अपने तीसरे नेत्र से भस्म कर दिया...जब यह बात कामदेव की पत्नी रति को पता चली तो वह रोती हुई वहां आ पहुंची...तभी आकाशवाणी हुई जिसमें रति को रोना धोना छोड़ भगवान शिव की पूजा करने को कहा गया...आकाशवाणी सुनकर अपने पति अपने प्रेमी को बचाने के लिए रति ने भगवान शंकर की कठोर तपस्या की...रति की तपस्या से प्रसन्न हो शिवजी ने कहा कि कामदेव ने मेरे मन को विचलित किया था इसलिए मैंने इन्हें भस्म कर दिया...पर अब ये बिना शरीर रूप में जंगल में जाकर मेरी तपस्या करेंगे तो इनका उद्धार होगा और फिर वह शरीर के बिना रहकर भी सारे कार्य करने में समर्थ होंगे यानि सृष्टि में संसर्ग की भावनाओं को जीवित रख सृष्टि चक्र चलाने में मदद कर पाएंगे और द्वापरयुग में कृष्णावतार के समय रुक्मणि- कृष्ण के बेटे बनकर पैदा होंगे और इस तरह से फिर से रति और काम का प्रेम मिलन होगा पूर्ण शरीर के रूप में...इस तरह देवी रति ने अपने प्रेम तपस्या से अपने प्रेमी अपने पति को वापस पाया...

तब से आज तक रति काम का प्रेम प्रेम को अगले स्तर पर ले जाता है और सृष्टि चक्र चलाने में मदद कर रहा है...

(16)

_निष्प्राण_

मैं अब खुद को भी
अच्छा नहीं लगता...
तुम मुझे
मुझसे भी ज्यादा अच्छी लगने लगी हो...

मेरे पास नहीं रहीं
अब वे सभी ऊर्जायें   {ऊर्जायें= शक्तियां/Powers
जो मुझे खुशग़वार रखती थी,   {खुशग़वार= प्रसन्न/Happiness
मुझे लगता है अपनी वो सभी ऊर्जायें
दे चुका हूं मैं तुम्हें
उस समय जब मैंने लिया था चुंबन तुम्हारा
उस समय जब तुमने भोगा था जिस्म हमारा
और हर चुंबन हर संसर्ग में कर निष्प्राण मुझे   {संसर्ग= मिलन/Mating
संग ले जाती हो तुम मुझसे मुझको...   {निष्प्राण= बिना प्राण का/Without Soul

मैं बहुत प्रेम में था
खुद से तभी तक
जब तक तुम नहीं थी,
अब नहीं रहा मुझे कोई लगाव खुद से
क्योंकि मैं अब "मैं" नहीं रहा
अपना "मैं" समर्पित कर चुका हूं तुम्हें
तुम मुझे मुझसे भी ज्यादा अच्छी लगने लगी हो अब...

...अंत अनंत...

(17)
_होली_

होली नहीं है
कोई एक दिन
किसी फाल्गुन की ऋतु का
होली तो एक सम्पूर्ण ऋतु बन जाती है
जब मिलते हैं मैं और तुम...

सभी रंग झगड़ पड़ते हैं
उस मिलन का हिस्सा बनने को
अपनी अपनी छटाएं बिखेरते हैं
प्रतियोगिता करते हैं चटखपन की...*

कभी नील रंग शिव सा मुझ में
तो कभी पीत वर्ण सरस्वती का तुझ में,   {पीत वर्ण= पीला रंग/Yellow Color
कभी भैरव सा काला मैं
तेरे अधरों के चुंबन को आतुर मैं
तो कभी सती के लाल रंग सी तू
मेरे कर्णों के स्पर्श को लालायित तू**,

क्रमशः...

---

*   प्रतियोगिता= मुकाबला/Competition}

    {चटखपन= चमकीला/Bright

**   कर्ण= कान/Ears}

    {लालायित= ललचाया हुआ/Greedy for Something

और फिर सभी रंग जो अभी तक ईर्ष्या में थे एक दूसरे से
तेरे मेरे मिलन में ऐसे घुलते मिलते हैं
कि सृजन करते हैं एक नये रंग का   {सृजन= कुछ नया बनाना/Creating Something New
नया रंग प्रेम का
नया रंग उत्सव का
उत्सव जो मनाया जाता रहेगा युगों तक...

मैं और तुम
तुम और मैं जैसे बहुत से प्रेम
लेते रहेंगे उत्तरदायित्व   {उत्तरदायित्व= जिम्मेदारी/Responsibility
इन उत्सव क्रीणाओं के मंचन का   {क्रीणा= खेल/Game
आगे के सभी युगों तक...

                                        ...अंत अनंत...

{फाल्गुन= हिंदी महीनों में से एक महीना जिसमें होली आती है/Falgun Hindi Month Falls Between Mid-February and Mid-

March}

(18)

_हिमालय सी ठंडी लड़की_

वो हिमालय सी ठंडी लड़की
और ठंडी हो जाती है
जब एकदम से कोई भय
उसे अचानक अपने आगोश में ले लेता है,
अनायास ही कुछ शब्द
उसके होंठों से आकार लेकर डरावने वाक्य बनने लगते हैं
वैसे ही जैसे हिमालय से बर्फीले पहाड़ टूट टूट कर
नीचे गिर गिर डराया करते हैं...

तब मुझे अपनी हथेलियों से
उसके होंठों पर हाथ रख
उसकी उस विचार वेग को वहीं थामना पड़ता है,
उस ठंडी सी लड़की को
अपने आलिंगन में कसना पड़ता है...
फिर धीरे धीरे मेरे ताप से
वह छोटे छोटे पहाड़ो के टुकड़ों में परिवर्तित हो   {परिवर्तित= बदलना/Change
जैसे मुझमें पिघलती जाती है...

पिघल कर उसका सम्पूर्ण
मुझमें मिलने लग जाता है
उसके कांधे का काला तिल
उसके कम गुलाबी सूखे होंठ

क्रमशः...

उसके जिस्म के कुछ निशाँ
सब मैं रख लेता हूं अपने पास
और छोड़ देता हूं उसे शांत कर
फिर से एक बार और हिमालय जैसा निडर बन जाने के लिए...

...अंत अनंत...

(19)

_सुनो प्रेयसी_

सुनो प्रेयसी!!
तुम
और मैं
जब मिलते हैं
तब देते हैं हम
प्रेम को नए आयाम,   {आयाम= विस्तार/Dimensions
उसकी पवित्रता की सेंक को
बदल देते हैं हम
पीली आंच में...   {आंच= आग की तपन/Flame

हम बढ़ जाते हैं
प्रेम के अगले तल पर
जहां प्रेयसी और प्रियतम में
कोई भेद नहीं रह जाता
और तुम ले जाती हो प्रेम को
उसके चरम पर   {चरम= सबसे ऊंचे/Maximum Height
बन रति
रच कर
नयी नयी रति-क्रीणायें,

क्रमशः...

मैं नष्ट करता हूँ
काम को
वासना को
और भरता हूँ खुद को तुम में
बन नयी नयी काम - मुद्रायें...
और
यूँ ही शनैः शनैः
बढ़ता है प्रेम
हारता है काम...

{शनैः शनैः= धीरे धीरे/Slowly Slowly

...अंत अनंत...

(19)

_रति-काम_

अपनी आँखों में
बहुत उदासी सी लिये रहती हो
तुम्हारी छोटी छोटी आँखों में घुली उदासी
कोई छोटी उदासी नहीं
तुम तो उनमें
कई उदासियों का समंदर सा भरे घूमती हो...

होंठो से सिगरेट न लगाओ
क्योंकि तुम खुद एक सिगरेट सी हो
जिसे पिया जा सकता है
बहुत देर तक
बिना बुझाये...

तुम्हारे बाल!
तुम्हारे बाल बांधते वक़्त ऐसा लगता है
जैसे कोई बादलों का झुंड बाँध रहा हूँ मैं...

तुम्हारी कमर पर पड़े बल
मेरे ध्यान को बलहीन करते हैं,   {बलहीन = कमज़ोर/Weak
तुम नहीं जानती हो

क्रमशः...

खुद तुम
तुम्हारी यह कमर
और उस पर बंधा यह कमरबंद
यह सब अपने आप में एक गहन ध्यान का विषय हैं...
तुम्हारा एक एक अंग
रति सा मालूम देता है   {रति= प्रेम और यौवन की हिंदू देवी/Godesses of Intimacy
एक-एक कर तुम्हारी सम्पूर्ण काया
रति-काम के मिलन के समय को निमंत्रण देती सी मालूम देती है...

...अंत अनंत...

{रति-काम= प्रेम और यौवन की हिन्द देवी-देवता का मिलन/Moments of intimacy of Hindu God & Godesses of love & intimacy}

पंचम सर्ग
"ईर्ष्या"

प्रतिनिधि कथा: अर्जुन–उलूपी

महाभारत की कथाओं के अनुसार जब अर्जुन 12 वर्ष का वनवास भोग रहे थे, उस दौरान उनके 3 विवाह होते हैं...पहला उलूपी जो कि नाग कन्या थी, दूसरा चित्रांगदा जोकि मणिपुर के राजा चित्रवाहन की पुत्री थी और तीसरा एवं आखिरी सुभद्रा जोकि भगवान श्रीकृष्ण की बहन थीं...

वनवास में तीर्थयात्रा के दौरान एक बार अर्जुन हरिद्वार में गंगा तट पर स्नान कर रहे थे...जब यह खबर नागलोक को हुई, तो उन्होंने अर्जुन को मारने की योजना बनाई... यह योजना इसलिए बनाई गई थी क्योंकि अर्जुन ने अपने नगर इंद्रप्रस्थ को बचाने के लिए धरती पर कई नागों का संहार किया था...तब से सभी नाग अर्जुन से बदला लेने को उतारू थे...इन्हीं नागों में एक थी राजकुमारी उलूपी...नाग कन्या उलूपी ने कहा कि अर्जुन को मारने का काम वह स्वयं करेगी....उलूपी राज कन्या तो थी ही, साथ ही विधवा भी थी...दरअसल उसका पति भी नाग वंश से संबंधित था, पर उसकी मौत एक गरुण के हाथों हो गई थी, तब से राजकुमारी अपने पिता के साथ ही थी और अर्जुन से बदला लेना चाहती थी...जब उलूपी अर्जुन को मारने के लिए गंगा किनारे पहुंची, तो वह उन्हें देखकर मोहित हो गई...अर्जुन के प्रति उसके आकर्षण ने बदले की भावना को खत्म कर दिया...वह अर्जुन को बेहोश कर नाग लोक ले आई...कुछ दिनों में अर्जुन को होश आया और उन्होंने अपने सामने उलूपी को पाया...उलूपी ने कहा कि मैं अपने वंश का बदला लेने के लिए आपके पास आई थी, पर अब मैं आपसे विवाह करना चाहती हूं...कृपया मेरे प्रेम को स्वीकार करें...अर्जुन विवाह के विषय में कुछ कह पाते, इसके पहले ही उलूपी ने कहा कि मैं जानती हूं कि आपका विवाह हो चुका है पर मुझे आपकी दूसरी, तीसरी या चौथी पत्नी बनने से कोई परहेज नहीं...उलूपी ने अपने पिता और समस्त नागवंश का अर्जुन से समझौता करवाया और अर्जुन ने उलूपी से गंधर्व विवाह किया...चूंकि अर्जुन हमेशा के लिए नागलोक में नहीं रह सकते थे, इसलिए कुछ वक्त गुजारने के बाद वहां से चले गए...

इसी श्रृंखला में इसके बाद अपने 12 वर्ष के वनवास के दौरान ही अर्जुन एक बार महेन्द्र पर्वत होकर समुद्र के किनारे चलते-चलते हुए मणिपुर पहुंचे...वहां उन्होंने मणिपुर नरेश चित्रवाहन की पुत्री चित्रांगदा को देखा तो देखते ही रह गए, क्योंकि वह बहुत ही सुंदर थी...तब उन्होंने मणिपुर के नरेश के समक्ष पहुंचकर अर्जुन ने अपना परिचय दिया और बतलाया कि मैं पाण्डुपुत्र अर्जुन हूं और आपकी पुत्री से विवाह करना चाहता हूँ इस तरह अर्जुन और चित्रांगदा का विवाह हुआ...इस विवाह का पता उलूपी को भी चलता है और कुछ माह उपरांत अर्जुन जब नागलोक पहुंचे तो उनकी पत्नी नागकन्या उलूपी ने द्वेष भावना से चित्रांगदा के विरुद्ध अर्जुन को भड़का दिया...अर्जुन ने निराधार संदेह के कारणवश चित्रांगदा को उस समय त्याग दिया जब वो गर्भवती थी...तब चित्रांगदा यह ठान लेती है की वो इस अपमान का बदला अर्जुन की पराजय से लेगी और उसे पराजय करने वाला और कोई नही बल्कि स्वयं उसका और अर्जुन का पुत्र होगा...चित्रांगदा के वभ्रुवाहन नामक पुत्र हुआ...वह उसे सारी युद्ध कलाओं मे निपुण कर अर्जुन को पराजित करने के काबिल बनाती है और जब महाभारत के युद्ध के बाद अश्वमेघ यज्ञ का घोड़ा मणिपुर की सीमा मे प्रवेश करता है तब वभ्रुवाहन उस घोड़े को बंदी बना कर पांडवों को युद्ध के लिए ललकारता है और युद्ध कर अर्जुन का वध कर देता है...जब चित्रांगदा घटनास्थल पर आती है तो वभ्रुवाहन को यह ज्ञात हो जाता है कि अर्जुन ही उसके पिता है...श्री कृष्ण के मार्गदर्शन से वभ्रुवाहन नागलोक से मणि लाकर अर्जुन को पुनर्जीवित करते है...

तो इस तरह थी प्रेम में घुली हुई ईर्ष्या को दिखाती अर्जुन और उलूपी की प्रेमकथा...

(21)

_प्रेम से प्रतियोगिता_

तुम जैसे
कोई बहुरंगी उजियारा   {बहुरंगी= तरह तरह के रंग/Multi-colored, उजियारा= रौशनी/Light
जैसे कलकल बहती
किसी नदिया की धारा...

तुम सपन सलोनी   {सपन सलोनी= सपने में आने वाली सुंदरी/Beauty of Dreams
जैसे मद्धम मद्धम   {मद्धम मद्धम= धीरे धीरे/Slowly Slowly
जलती अग्नि
तुम पर्वतों में विचरती   {विचरती= घूमती/Roaming
कोई स्वर्ण सुंदरी   {स्वर्ण= सोना/Gold
कुलाँचे भरती हिरनी...   {कुलाँचे= छलांग/Jumping

तुम प्रेम में पकती
प्रेम में डूबी
प्रेम में लिपटी
कई सदियों से
जैसे कोई सती
और
तुम ही
प्रेम-द्वेष में जलती   {प्रेम-द्वेष= प्यार में नफ़रत /Jealousy in Love
प्रेम से ही लड़ती
प्रेम से ही प्रतियोगिता करती   {प्रतियोगिता= मुकाबला/Competition
कोई नायिका   {नायिका= हीरोइन/Film Star
जैसे किसी सिनेमा की...

...अंत अनंत...

_कस्तूरी_

जब तुम होती हो नाराज़ मुझसे
तो तुम बन जाती हो
एक तितली सी
मंडराती हो
इधर उधर
यहाँ वहाँ...

नहीं!
तितली नहीं
तुम बन जाती हो
एक हिरणी सी
जो खिन्न हो ढूंढती रहती है   {खिन्न= नाराज़/Unhappy
अपनी ही कस्तूरी की खुशबू को
पगलाई सी
मतलाई सी
वन वन   {वन= जंगल/Forest
शहर शहर
गाँव गाँव...

क्रमशः...

कोई उसे बताता ही नहीं
जिससे वो नाराज़ है
वो वह खुद है
वो कोई दूजा नहीं
उस दूजे ने कर रखा है इख़्तियार उस पर   {इख़्तियार = कब्ज़ा/Seize
जिसे वो ढूंढती है
वो उसी में है छुपा...

...अंत अनंत...

{कस्तूरी = कस्तूरी एक खुशबूदार द्रव्य (Liquid) होता है जो नर हिरण की नाभि (Navel) में ही होता है पर उसे यह पता ही नहीं होता

कि यह खुशबु कहाँ से आ रही है और वह इसे अपने पास न ढूंढकर पागलों की तरह इधर उधर ढूंढता रहता है}

_तीखी नाक_

तुम कहती हो

तुम्हारी नाक बहुत सुंदर है,

तुम ये भी कहती हो

कि बहुत से लोग

तुम्हारी इस नाक की बहुत तारीफ करते हैं...

तो मैं बताता हूं तुम्हें

तुम्हारी नाक है भी सुंदर

और उसकी तारीफ होनी भी चाहिए

तुम्हें नहीं ज़रूरत

पहनने की कोई कोक्का

ना ही कोई अन्य आभूषण   {आभूषण= गहने/Ornaments

इस तीखी नाक पर

ये सब जो पहन लोगी

तो छुप जाएगा सौंदर्य उस नाक का...

पर चलो मैं तुम्हें इसके आगे ले चलता हूं

सुंदरता के पार

पार इस बाहरी सुंदरता के,

जाने क्यों मैं अपने को सत्य का ध्वजारोही समझता हूं

इसलिए सत्य कहता हूं,

तुम्हारी नाक जितनी सुन्दर है

उससे ज्यादा नकचिढ़ी हो तुम

क्रमशः...

तुम बस जैसे किसी एक काम के लिए ही जन्मी हो
और वो है नाराज़ रहना
फिर भी चलो
तुम्हें तुम्हारा नाक का तीखापन मुबारक
और तारीफों के पुल मुबारक...

तुम्हें मैंने कभी बतया नहीं
तुम नकचिढ़ी और भी सुंदर लगती हो...

...अंत अनंत...

{सत्य का ध्वजारोही= जो हमेशा सत्य के लिए लड़ता हो/Flag Bearer of Truth}

(24)

_ईश्वर की नेमत_

जब तुम यह कहती हो
कि कोई तुम्हारा ख्याल नहीं रखता
दरअसल तब तुम
ईश्वर की बनाई व्यवस्था पर शक करती हो
यह सब जहाँ उसके ख्याल से है
और तुम तो उसकी बनाई किसी नेमत सी हो   {नेमत= कीमती चीज़/Precious Thing
नेमतों का ख्याल तो वो रखता ही है...

तुम तो एक दवा सी हो
किसी के दिमाग में हरदम चलते ख्याल सी हो
एक बेवजह दुआ सी हो
जो किसी खुशनसीब को मिल जाती है...
तुम तो हंसी सी हो
उस समाज से निकाले लड़के की
जो चुपचाप बैठा था किसी चट्टान के पीछे,
तुम उस चाय वाले चाचू की पोपली खिलखिलाहट हो
जिसके मुँह में अब दांत नहीं रह गए हैं,
तुम उस छोटे से लड़के का हर्ष हो
जो रेड़ी पर रखे समोसे नहीं देख पाता है
और तुम उसे उठाकर अपनी गोद में
दिखाती हो जैसे एक नयी दुनिया,

क्रमशः...

तुम उन सभी लड़कों का ध्यान हो
जो भंग होता रहता है तुम्हारी चहचहाट से
और वो लालायित रहते हैं तुमसे बातें करने को...   {लालायित= तलब लगना/Longing For
अपना ये चमत्कारी रुतबा बनाये रखना
कोई नहीं रखता तुम्हारा ख्याल
यह ख्याल ही
अपने दिल से निकाल देना...

...अंत अनंत...

षष्ठ सर्ग
"बिछोह"

प्रतिनिधि कथा: शिव-शक्ति

इस भाग को जिसका सार है प्रेम का विरह, प्रेम में बिछड़न चाहे वह थोड़े समय के लिए ही हो...शिव सती युगों से प्रतीक रहे हैं प्रेम का...शिव सती के प्रेम से कौन वाकिफ़ नहीं है! जैसे कृष्ण प्रेम का आकर्षण हैं वैसे ही शिव प्रेम का अनुशासन हैं...यदि कृष्ण इस बात का प्रतीक हैं कि प्रेम का आरंभ कैसे किया जाता है तो शिव प्रतीक हैं प्रेम को चलाया कैसे जाता है, जिया कैसे जाता है...कृष्ण प्रेम की प्रसन्नता हैं तो शिव प्रसन्नता के साथ साथ उसका वियोग भी हैं...शिव के लिए प्रेमिका का पत्नी का चले जाना उसका चले जाना नहीं है...

कथा है कि जब सती के पिता दक्ष ने उनके पति महादेव शिव का अपमान किया तब देवी सती अपने पति के इस अपमान से बहुत दुखी हुईं और यज्ञ की आग में कूदकर खुद को जला लिया...सती जब चली गयीं भोलेनाथ को छोड़कर तो शिव जैसे शिव रहे ही नहीं वो एकदम वैरागी हो गये इस दुनिया से और बस समाधि में बैठे रहते, ध्यान करते रहते सती का...वो बस जीते रहते उन्हीं को, उन्हीं का संग सोचते रहते...बाबा एकदम भक्त बन गये थे विरह में देवी के अगले जन्म के आह्वाहन के लिए कई कई युगों तक उनकी भक्ति में...जबकि उधर देवी सती पार्वती बनकर जन्म ले चुकी थीं पर वो भी केवल महादेव से ही फिर से विवाह करना चाहती थी और उसके लिए उन्होंने भी कठोर तपस्या की और इस तरह दोनों प्रेमी एक दूसरे से अनजान एक दूसरे को पाने में साधना में लगे हुए थे...कहानी में आगे जाकर दोनों का विवाह हुआ पर उससे भी बड़ा रहा वह बिछड़न का समय जो कई युगों तक का था...

शिव तो अघोरी हैं अविनाशी है वो मरते नहीं पर देवी अलग अलग रूपों में आती रहती हैं मिलने शिव से देख उनको परेशान उनके विरह में...

(25)

_राज्य_

तुम्हें पता है!
तुम जब नहीं होगी
तब भी तुम होगी,
तुम्हारी यही चिंता रहती है न
कि जब तुम नहीं मिलोगी मुझसे
तो नहीं आओगी याद मुझे...

सुनो ए व्यर्थ की चिंताओं में डूबी लड़की!   {व्यर्थ= बेकार की/Useless
ऐसा कभी संभव नहीं हुआ था राम के साथ
कि वो भूल पाए कभी भी अयोध्या को...
वह वन रहे
समुद्र किनारे रहे
लंका रहे
पर नहीं तज पाए अयोध्या राज्य को   {तज= छोड़ देना/Forget
तुम मेरे सम्पूर्ण राज्य सी ही तो हो...   {सम्पूर्ण= पूरा /Complete

तुमसे ही तो हैं
मुझमें किसी राजा का दरबार
वन में विहार करते पक्षी हज़ार   {विहार= घूमना/Roaming
लाल गाजर खाते मासूम शैतान खरगोश

क्रमशः...

किसी नीम के वृक्ष तले ज्ञान-विवाद करते विद्वान्*

छन छन करती पायल पहने युवतियां

{प्रयत्नशील = कोशिश करती हुई/Striving

चरित्रवान पुरुषों के प्रेम को पाने में प्रयत्नशील स्त्रियाँ**

प्रेमिकाओं को तलैया किनारे मिलने का आश्वासन देते प्रेमी पुरुष***,

तुम हो तो****

है एक सम्पूर्ण राज्य मुझमें

हैं एक राज्य के सभी दृश्य मुझमें ...

...अंत अनंत...

---

*   ज्ञान-विवाद = अच्छी बातों पर चर्चा/Debate}

     {विद्वान = पढ़े लिखे लोग/Scholars

**   चरित्रवान = अच्छे चाल चलन वाले/Who is Not Characterless}

***   तलैया = तालाब/Pond of Water}

****   आश्वासन = भरोसा दिलाना/Assurance}

(26)

_स्वरूप प्रेम का_

सुनो!
प्रेम का बीड़ा उठाये
पलाश के सूखे फूलों सी तितर बितर सी लड़की
तुम चिंता मत करना
कि प्रेम कभी ख़त्म हो जायेगा
संसार से
और तुम याद ना आओगी किसी को...

प्रेम सूख भी जाए
तो भी बनाता रहता है
इत्र के मर्तबान {इत्र= खुशबू/Perfume, मर्तबान= Jar/जार
रहता है सदा सुगंधित...

प्रेम सदा विजयी रहा है
ईर्ष्या के भावों पर
रौंदता आया है
सदा नफरतों के गुबार को... {गुबार= मन में दबा हुआ/Stored Within Heart

प्रेम कालजयी है {कालजयी= समय से परे/Timeless
अमर है {अमर= कभी न मरने वाला/Immortal
अजर है, {अजर= कभी न बूढ़ा होने वाला/Ageless
यही बांह खींच कर लाया है
बाहर कई बार

क्रमशः...

डूबते प्रेमी - प्रेमिकाओं को,
उनकी कहानियों को
डूबती संस्कृतियों से...

प्रेम सदैव गुरु रहा है
मोह से परे रहा है
मोह को ठेंगा दिखाता आया है,
जो मोह में है
वो प्रेम नहीं कर पायेगा
वो आकर्षित करता रहेगा
प्रेम-अमृत में घुले विष को,
मोह से ऊपर जो उठा
वही प्रेम कहलाया...

प्रेम विस्तृत है
हिमालय की सफ़ेद पर्वतमालाओं सा,
विविध है   {विविध= अलग अलग तरह के/Different
भारत की भाषाओं सा,
विशाल है
बरगद सा,
खट्टा है
अधपके अंगूर सा,
मीठा है
जलेबी सा,
तीखा है
कच्चे लहसुन सा,
नमकीन है
आंसुओं से भीगे तकिये सा,
और
दृश्य, भाषायें, छाँव, स्वाद और आंसू
कभी भूले नहीं जाते...

...अंत अनंत...

_विश्राम_

जब तुम बात करती हो
संगीत की
जब तुम बात करती हो
मंच पर अदाकारी करते कलाकारों की
तब तुम अलग दुनिया में चली जाती हो,
एक अलग चमक आ जाती है
तुम्हारे सांवले मुख पर
तुम वो मुद्रायें तक याद रखती हो   {मुद्रायें= चेहरे के भाव/Expressions
जो तुमने उस समय देखी थी
उन कलाकारों की ही नहीं
वहां उपस्थित लोगों की भी,
तुम्हारी छोटी आँखें
यकायक ख़ुशी से विस्तारित हो जाती हैं...   {विस्तारित= बड़ी/Large

तुम्हें मालूम नहीं
जब कोई अथाह मेहनत करता है,   {अथाह= बहुत ज्यादा/Limitless
किसी कार्य में डूब जाता है
तो चाहिए होता है कुछ वक़्त के लिए
ऐसा ही कोई संसाधन   {संसाधन= तरीका/Mode or Means
जो उन्हें थोड़ा विश्राम दे सके   {विश्राम= आराम/Rest
यही संगीत और ये संगीत के साधन

क्रमशः...

तुम्हारे विश्राम हैं
और मैं तुम्हें इसी ख़ुशी और विश्राम में देखना चाहता हूँ...
मेरी बड़ी बड़ी आँखों के लिए
तुम्हारी छोटी छोटी आँखों में चमक
एकमात्र विश्राम का साधन है...*

...अंत अनंत...

---

* एकमात्र= सिर्फ़ एक/Only}

(28)

_आयुष्मती भवः_

सुनो ऐ तीस वर्षीया प्रेयसी!
तुम पढ़ना शुरू करो
अपने कोर्स की किताबें ही नहीं
इस जीवन को भी
तुम स्वयं पढ़ो
स्वयं को...
जानो वह कला
जिससे सफर कर सको
तुम अपने ही अंतर्मन का,   {अंतर्मन= अंदर का मन/Inner Soul
जानो महत्तव   {महत्तव= बड़प्पन /Importance
अपनी ही सुंदरता का
देखो मंज़र   {मंज़र= नज़ारा/Scene
अपनी ही मज़बूती का
मापो घनत्व   {घनत्व= घनापन/Desnsity
अपने स्वाभिमान का...   {स्वाभिमान= खुद पर नाज़ होना /Selfproud

तुमको नहीं बताया मैंने कभी
कि मैं देखना चाहता था
एक समझ तुम में
तीस का आंकड़ा छूने से पहले,
इसके लिए की मैंने प्रार्थनाएं
राम से
हनुमान से

क्रमशः...

कृष्ण से
कि तुम जब छुओ आंकड़ा तीस का
तो तुम हो चुकी हो असल में तीस की,

तुम मिलान कर सको
अपने दारुण दुखों के क्षण को   {दारुण= दुःख से भरे/Painful
अपने अनुभवों से...
तुम्हें जो सीख जाना चाहिए था अभी तक
वो सीख जाओ एकदम से
अचानक किसी एक घटना से...
बंदर बहुत दयालु निकला   {बंदर= हनुमान जी/Lord Hanuman
उसने सुनी मेरी प्रार्थनाएँ
कर दिया सराबोर
तुम्हें अनुभवों से,
प्रेयसी!
तुम वाकई
अब तीस वर्षीय प्रेयसी हो...

सुनो अये बदली हुई अनुभवी लड़की!
तुम यहाँ नहीं हो मेरे साथ
पर फिर भी सुनो
कि तुम्हारी छोटी आँखें किसी सौरमंडल सी हैं
और जब तुम पलकें झपकाती हो
तो एक एक करके
मुझे इस सौरमंडल के सभी ग्रहों पर ले जाती हो,
तुम्हारें होंठ ऐसे आकर्षक हैं
जो मुझे रंगो से परे ले जाकर
बस मेरे होंठो पर एक नया रंग चढ़ाते हैं,
तुम्हारी हंसी
जैसे कोई निडर योद्धा अट्टाहस करता रणविजय के पश्चात

क्रमशः...

तुम्हारी हंसी मुझमें साहस भरती है
जीवन जीने के प्रति,
तुम्हारे काँधे का तिल
जैसे नज़र उतारता है
सभी बुरी नज़रों की मेरी तरफ उठने वाली...

सुनो रागिनी!   {रागिनी= संगीत/Music
संग तुम्हारा
संसर्ग तुम्हारा   {संसर्ग= मिलन /Intimacy
है अमृत मंथन सा   {मंथन= मथना /Churning
हरता है सभी विष मुझसे
भरता है नवजीवन मुझमें...
आयुष्मती भव:
आयुष्मती भव:...

...अंत अनंत...

{सौरमंडल= आसमान में सभी तारों ग्रहों को मेल/Solar System}

{अट्टाहस= हंसना/Laughing Loudly}

{रणविजय= युद्ध में जीत/Winning Battle}

_कड़ा_

कभी कभी
जब मैं बहुत विचलित होता हूँ   {विचलित= घबराना /Anxious
तो मैं छूता हूँ
उसी कड़े को
जो तुमने पहनाया था कभी मुझे,
शायद कोई मंत्र सा फूँका होगा तुमने
शायद तभी ये अहसास करा देता है
उस विचलन में भी
तुम्हारे स्पर्श का   {स्पर्श= छुअन/Touch
तुम्हारे प्रेम का
और मैं विचलित शांत हो जाता हूँ धीरे धीरे...

जब कभी मुझे कोई भय
आ घेरता है
किसी भी अनजानी शक्ल-ओ-सूरत में
तब यही कड़ा
जो शायद तुम लायी होगी किसी गुरूद्वारे से
शायद गुरु गोबिंद साहब की वाणी पढ़कर
ले लेता है शक्ल हनुमान की गदा का
भरता है साहस मुझमें...

तुम्हारा दिया कड़ा
करता है काम तुम्हारा ही
रखता है मुझे सुरक्षित
हर प्रतिकूल स्थिति में...   {प्रतिकूल= खिलाफ/Unfavourable

...अंत अनंत...

(30)

_चोर_

वो एक ऐसी लड़की है
जिसमें से मेरी खुशबू आती है...
वो चोर है
सिर्फ मेरे सामानों की ही नहीं
मेरे चित्त की भी...
उसने ज़िंदा कर लिया है मुझे
खुद के वजूद में...

...अंत अनंत...

अंत.
फिर एक नए
अनंत के लिये...

लेखक परिचय

दीपक कनौजिया

(प्राधुनिक)

जन्म: -27 सितम्बर1984-

जन्मस्थली: लखनऊ (उत्तर प्रदेश)

लेखन प्रेम: लेखन और साहित्य मेरे लिये आकर्षण का केंद्र-बिंदु हैं...मुझे मेरा मानना है कि कला, साहित्य और कलम किसी भी क्रान्ति या किसी भी प्रेम का प्रथम चरण हैं और जितनी भी प्रेम या क्रान्तियाँ हुई इस विश्व में भारत या भारत के बाहर वे सब क्रान्तियाँ पहले उतरी किसी सफ़ेद कागज़ के पन्नों पर और फिर उतरी जनमानस के बीच में...

मैंने पढ़ा है, सुना है कई दफे और हाल ही में जब मैंने ओ माय गॉड २ पिक्चर देखी तो उसमें भी इसका ज़िक्र आया कि किस तरह लार्ड मैकाले ने पूरा भारत भ्रमण कर निष्कर्ष के तौर पर भारत को कमज़ोर करने के लिये अंग्रेजी हुकूमत को हिदायत दी कि भारत की शक्ति

उसके साहित्य में हैं, उसकी संस्कृति में है और यदि भारत की शक्ति को छीड़ करना है, इसे गुलाम बनाये रखना है तो इनके साहित्य को ख़त्म करना पड़ेगा...ख़त्म कर दो इनके साहित्य को, बदल डालो इनकी शिक्षा पद्धति को और इसमें वह सफल भी रहा कुछ हद तक...और मैं इसे कुछ हद तक इसलिए मानता हूं क्योंकि मैं मानता हूं भारत और इसका साहित्य कुछ समय के लिये अदृश्य तो हो सकता है पर नष्ट नहीं

कुछ बात है कि हस्ती, मिटती नहीं हमारी,

सदियों रहा है दुश्मन, दौर-ए-ज़माँ हमारा..

और मैं नहीं चाहता कि अब भी नया कोई लार्ड मैकाले भारत के साहित्य को नष्ट करने का विचार करे और अगर करे तो साहित्य एक शक्ति की तरह स्थापित रहे सदैव ऐसे नकरात्मक विचारों को परे धकेलने के लिये...लेखन की इस शक्ति के चलते लेखन मुझे आकर्षित करता है, अपने प्रेम से बुलाता है मुझे अपने करीब जिसके चलते मैं अपने छोटे से स्तर पर कुछ कुछ प्रयास करता रहता हूं...यह लिखना उसी प्रयास की तरफ उठाये जाने वाले कुछ कदम हैं ...

आजकल: आजकल मैं राजधानी दिल्ली में रह रहा हूं और वाणिज्य और प्रबंधन के क्षेत्र में दिल्ली विश्वविद्यालय से अपनी शिक्षा पूरी कर अब अपनी सेवाएं समाज को अर्पित कर रहा हूं...जो पाया था समाज से वही समाज को वापस करने के प्रयासों में प्रयत्नशील हूं...

संपर्क सूत्र

आप मुझे पुस्तक या मेरे लेखन पर कोई भी प्रतिक्रिया देना चाहे तो नीचे लिखे माध्यमों से दे सकते हैं और मुझसे
यहाँ जुड़ भी सकते हैं तथा मेरी अन्य रचनाएं भी पढ़ सकते हैं

E-Mail deep1039@yahoo.com

modishtro_praadhunik
#deepakkanoujia
#pradhunik
#modishitro

Deepak Kanoujia
दीपक कनौजिया...प्राधुनिक
#deepakkanoujia
#modishitro
#pradhunik